Momentos orantes para velório

Pe. Claudir Meoti

Momentos orantes para velório

EDITORA VOZES

Petrópolis

© 2021, Editora Vozes Ltda.
Rua Frei Luís, 100
25689-900 Petrópolis, RJ
www.vozes.com.br
Brasil

1ª edição, 2021.

1ª reimpressão, 2022.

Todos os direitos reservados. Nenhuma parte desta obra poderá ser reproduzida ou transmitida por qualquer forma e/ou quaisquer meios (eletrônico ou mecânico, incluindo fotocópia e gravação) ou arquivada em qualquer sistema ou banco de dados sem permissão escrita da editora.

CONSELHO EDITORIAL

Diretor
Gilberto Gonçalves Garcia

Editores
Aline dos Santos Carneiro
Edrian Josué Pasini
Marilac Loraine Oleniki
Welder Lancieri Marchini

Conselheiros
Francisco Morás
Ludovico Garmus
Teobaldo Heidemann
Volney J. Berkenbrock

Secretário executivo
Leonardo A.R.T. dos Santos

Diagramação: Sheilandre Desenv. Gráfico
Revisão gráfica: Editora Vozes
Capa: Estúdio 483

ISBN 978-65-5713-388-0

Este livro foi composto e impresso pela Editora Vozes Ltda.

Sumário

Apresentação, 7

1. Oração após a chegada do corpo, 9
2. Oração penitencial, 15
3. Oração de gratidão, 22
4. Oração de vigília, 28
5. Oração do terço, 36
6. Oração do amanhecer, 44
7. Celebração do levantamento do corpo na capela da ressurreição, 51
8. Celebração de sepultamento, 58

Referências, 63

Apresentação

"Eu sou a ressurreição e a vida. Quem crê em mim, ainda que tenha morrido, viverá" (Jo 11,25).

A morte é um mistério! Quando a encaramos apenas pela dimensão racional ela pode tornar-se assustadora, porque entendida como o fim de tudo. Mas, aos cristãos que seguem o crucificado-ressuscitado não é assim. Estes a encaram à luz da fé como a páscoa definitiva para encontrar-se face a face com Deus, tomando posse da herança prometida no Reino dos Céus.

A certeza da ressurreição nos é dada pelas aparições de Cristo Ressuscitado às mulheres que foram ao túmulo (cf. Lc 24,1-6); aos discípulos no caminho de Emaús (cf. Lc 24,13-35); reunidos em casa (cf. Jo 20,19-23); no retorno da pesca no lago de Nazaré (cf. Jo 21,1-14); no envio para a missão (cf. Mt 28,16-20). Estes relatos deixam claro que a morte foi derrotada pela vida, afinal Jesus veio ao mundo "para que todos tenham vida e a tenham plenamente" (cf. Jo 10,10).

Estando convictos de que somos peregrinos neste mundo e, como nos ensina Teilhard de Chardin, "não somos seres humanos que vivem uma experiência espiritual, mas seres espirituais que estamos fazendo uma experiência humana", propomos este subsídio de oração para os momentos de velório. Ele quer ser um instrumento nas mãos das famílias, das lideranças, do povo de Deus para ajudar a fortalecer a esperança da ressurreição enquanto velamos aqueles que amamos, nossos entes queridos.

O objetivo é que todo batizado possa conduzir estes momentos orantes. Na graça do batismo todos participamos do sacerdócio comum dos fiéis, o que nos leva a entender que o acalento espiritual para uma família enlutada não é "propriedade" dos ministros da Igreja. No entanto, sentimos necessidade de ofertar ao povo de Deus um subsídio para ajudar a conduzir a oração nos velórios, evitando inclusive erros de fé.

Neste livro são apresentados seis momentos orantes que podem ser utilizados durante o velório. Trata-se de um momento logo após a chegada do corpo no local do velório; um penitencial; um de gratidão; um de vigília; um da oração do terço; um de celebração do levantamento do corpo na capela da ressurreição e o de celebração de sepultamento. São momentos simples, que seguem uma ritualidade, mas que acredito ser acessível para realização de momentos orantes num velório.

Este livro é um convite para ajudar a tornar o velório um momento de mais oração e reflexão sobre a vida e a nossa comunhão com Deus, que ao enviar seu Filho Único ao nosso encontro manifestou o seu desejo de que nenhum se perca, mas todos alcancem a salvação (cf. Jo 6,39).

Pe. Claudir Meoti
Solenidade da Santíssima Trindade

1
Oração após a chegada do corpo

Orientação: *Um tempo após o corpo ter chegado ao local do velório e já se ter acalmado os corações do primeiro contato com o corpo do ente querido.*

1. RITOS INICIAIS

Dirigente: A vida eterna é a promessa do Senhor. Confiantes unimo-nos em oração pela eternidade de nosso/a irmão/ã.

REFRÃO ORANTE

Dirigente: Juntos cantemos o refrão orante.

Indo e vindo, trevas e luz: tudo é graça, Deus nos conduz!
(Indo e vindo – *Adolfo Temme / M.: Alemã*)

Dirigente: Em nome do Pai, e do Filho e do Espírito Santo.

Todos: Amém!

Dirigente: Estamos sentidos com a páscoa definitiva de nosso irmão/ã (*dizer o nome*), mas nos encontramos pela nossa fé na ressurreição junto ao seu corpo para celebrarmos a sua vida e o seu testemunho. Por isso, desejo a vocês que estão sendo solidários, que a paz de Cristo esteja sempre convosco.

Todos: Bendito seja Deus que nos reuniu no amor de Cristo!

ORAÇÃO

Dirigente: Ó Deus, neste momento em que iniciamos o velório de nosso/a irmão/ã (*dizer o nome*) elevamos para Vós o nosso olhar de gratidão por tudo o que com ele/a vivemos. Que ele/a possa desde já vos contemplar face a face no Reino dos Céus, enquanto nós continuamos, na esperança nossa caminhada, até nos reencontrarmos na eternidade. Por nosso Senhor, Jesus Cristo, vosso Filho, na unidade com o Espírito Santo.

Todos: Amém!

2. LITURGIA DA PALAVRA

LEITURA DO LIVRO DAS LAMENTAÇÕES 3,17-26

Minha alma privou-se da paz; esqueci o que era felicidade. Eu disse: "Acabou-se para mim a glória e a esperança que eu tinha no SENHOR". Lembra-te de minha aflição e de meu extravio, que são absinto e veneno! Lembrando-me sempre disso, fico abatido no meu íntimo. Mas há algo que revolvo em meu coração e é a razão de minha esperança: devido à misericórdia do SENHOR, não fomos consumidos, porque sua compaixão jamais se esgota; antes, renova-se cada manhã: grande é a tua fidelidade! "O SENHOR é a minha herança – digo para mim – por isso nele espero". O SENHOR é bom para quem nele espera, para aquele que o procura. É bom esperar em silêncio a salvação do SENHOR.

Palavra do Senhor.

Todos: Graças a Deus.

SILÊNCIO MEDITATIVO

Dirigente: Em silêncio meditemos a Palavra do Senhor que ouvimos.

MOMENTO DE REFLEXÃO

Caros familiares, irmãos e irmãs na fé, a Palavra que ouvimos nos ajuda a iniciar este momento de velório de nosso/a irmão/ã. Podemos sentir a sensação de que perdemos o chão, que estamos desolados, sem ânimo porque alguém que amamos apagou-se a este mundo. Mas, aos poucos nosso coração vai se acalmando e percebemos que não, nosso ente querido abriu-se para a eternidade, para o encontro face a face com Deus que a cada manhã renova sua compaixão. Isso nos fortalece e consola. É no Senhor, somente nele, que está a nossa salvação. Vivamos nessa certeza e entreguemos nosso/a irmão/ã para a ressurreição.

SALMO RESPONSORIAL – 24(25),4-9.

Revela-me, Senhor, teus caminhos, ensina-me tuas veredas!

1. Dirige-me no caminho por tua verdade e me ensina, porque Tu és o Deus de minha salvação, e em ti espero todo o dia. Lembra-te, Senhor, de tua ternura e dos dons do teu amor, porque são desde sempre!
2. Não recordes os pecados de minha juventude nem minhas faltas! Lembra-te de mim segundo tua misericórdia, por causa de tua bondade, Senhor!
3. O Senhor é bom e reto; por isso mostra o seu caminho aos pecadores, encaminha os humildes ao direito, ensina aos humildes o caminho. Todas as veredas do Senhor são amor e fidelidade para os que guardam sua aliança e suas prescrições.

Orientação: O Salmo poderá ser cantado. Para isso sugere-se como opção: **Recordai, Senhor meu Deus** (*Salmo 24(25) – M.: Ir. Miria T. Kolling*).

SILÊNCIO MEDITATIVO

Dirigente: Em silêncio meditemos o Salmo que ouvimos.

REFRÃO ORANTE

Dirigente: Juntos cantemos o refrão orante.

Eu confio em nosso Senhor com fé, esperança e amor.
(*L. e M.: Jorge Pinheiro*)

Dirigente: Reunidos pela fé, juntos professemos:

Creio em Deus Pai todo-poderoso, criador do céu e da terra, e em Jesus Cristo, seu único Filho, nosso Senhor; que foi concebido pelo poder do Espírito Santo e nasceu da Virgem Maria, padeceu sob Pôncio Pilatos, foi crucificado, morto e sepultado. Desceu à mansão dos mortos; ressuscitou ao terceiro dia; subiu aos Céus e está sentado à direita de Deus Pai todo-poderoso, de onde há de vir a julgar os vivos e os mortos. Creio no Espírito Santo, na santa Igreja Católica, na comunhão dos Santos, na remissão dos pecados, na ressurreição da carne e na vida eterna. Amém!

ORAÇÃO DOS FIÉIS

Dirigente: Senhor, ao iniciarmos o velório de nosso/a irmão/ã (*dizer o nome*) elevamos a ti nossas preces em seu favor. Após cada prece, rezemos:

Senhor, escutai a nossa prece.

1. Senhor, vos pedimos que acolheis em vosso Reino este/a nosso/a irmão/a (*dizer o nome*). Rezemos:

2. Senhor, vos pedimos que possa contemplar vossa luz na vida eterna. Rezemos:
3. Senhor, vos pedimos que tenha seus pecados perdoados pela vossa misericórdia. Rezemos:
4. Senhor, vos pedimos que consolais os que choram a morte de seu ente querido. Rezemos:

Dirigente: Ó Deus, sabes a dor que sentimos neste momento pela páscoa definitiva de nosso/a irmão/ã. Acolhei nossos pedidos e consolai-nos com vosso amor. Por Cristo, nosso Senhor!

Todos: Amém!

3. RITOS FINAIS

Pai-nosso

Dirigente: "Aquele que ressuscitou o Senhor Jesus também nos há de ressuscitar com Jesus e nos levará convosco para junto d'Ele" (2Cor 4,14). Unidos rezemos confiantes a oração que Jesus nos ensinou: **Pai nosso...**

ORAÇÃO

Dirigente: Senhor Jesus, que dissestes: "Se o grão de trigo morrer, dará muito fruto", fazei que este corpo, humilhado agora pela morte, descanse das suas fadigas e canseiras e, como semente de ressurreição, espere a vossa vinda gloriosa. Vós que sois Deus com o Pai, na unidade do Espírito Santo.

Todos: Amém!

Dirigente: Dai-lhe, Senhor, o repouso eterno.

Todos: E brilhe para ele/a a vossa luz.

Dirigente: Descanse em paz.

Todos: Amém!

Dirigente: Louvado seja nosso Senhor Jesus Cristo!

Todos: Para sempre seja louvado!

Dirigente: Permaneçamos em oração e solidários com a família. No decorrer do velório serão propostos outros momentos de oração.

Canto: A vida pra quem acredita
(*L. e M.: Ir. Miria T. Kolling*)

1. A vida, pra quem acredita, não é passageira ilusão. E a morte se torna bendita, porque é nossa libertação.

   Nós cremos na vida eterna e na feliz ressurreição, quando, de volta à casa paterna, com o Pai os filhos se encontrarão.

2. No céu não haverá tristeza, doença, nem sombra de dor. E o prêmio da fé é a certeza de viver feliz com o Senhor.

3. O Cristo será, neste dia, a luz que há de em todos brilhar. A Ele, imortal melodia os eleitos hão de entoar.

2
Oração penitencial

Orientação: *Após certo período, propõe-se outro momento de oração. Este tendo caráter mais penitencial.*

1. RITOS INICIAIS

Dirigente: O Senhor é misericordioso, pois quer que todos vivamos unidos a Ele.

REFRÃO ORANTE

Dirigente: Juntos cantemos o refrão orante.
Misericordioso é Deus, sempre, sempre o cantarei.
(Misericordioso é Deus – *Taizé*)

Dirigente: Em nome do Pai, e do Filho e do Espírito Santo.
Todos: Amém!
Dirigente: Amigos e irmãos, que a graça de Nosso Senhor Jesus Cristo, o amor do Pai e a luz do Espírito Santo estejam convosco.
Todos: Bendito seja Deus que nos reuniu no amor de Cristo!

Dirigente: Caros amigos e familiares, neste dia em que estamos velando o corpo deste nosso/a irmão/ã (*dizer o nome*) somos convidados a reconhecer que nem sempre, especialmente enquanto familiares, vivemos bem, nem sempre nos amamos como o Senhor nos ensina e pede para amar. Por isso, queremos rezar neste momento pedindo perdão a Deus e ao nosso/a irmão/ã (*silêncio*).

Cantemos: Se eu soubesse (*M.: Zé Martin*)
Se eu soubesse não teria me afastado pra ir mais longe procurar outro lugar. Vivendo a vida sem saber onde chegar. Fiquei perdido, precisando voltar. Meu coração não podia descansar, esteve triste com vontade de chorar. Mas a esperança que me fez acreditar que o teu abraço ainda é o meu lugar.
Quem tem assim um Pai apaixonado não fica só, nem termina abandonado. E a saudade que aqui me fez voltar, me fez ver: tua casa é meu lar (bis).

Dirigente: Deus de misericórdia, acolhe nosso pedido de perdão, nos perdoe e um dia nos encaminhe ao vosso encontro na vida eterna.

Todos: Amém!

ORAÇÃO

Dirigente: Ó Deus, acolhei vosso/a filho/a, nosso/a irmão/ã (*dizer o nome*), no vosso Reino, e liberto de suas culpas possa se alegrar por contemplar-vos face a face e participar da comunhão plena com vossos santos. Por nosso Senhor, Jesus Cristo, vosso Filho, na unidade com o Espírito Santo.

Todos: Amém!

2. LITURGIA DA PALAVRA

Dirigente: Abramos nosso coração para ouvir a Palavra de Deus.

SALMO RESPONSORIAL – 130(129)

Por vossa bondade, tende compaixão, Senhor!

1. Das profundezas clamo a ti, SENHOR: Senhor, escuta minha voz; teus ouvidos estejam atentos à voz da minha súplica! Se levares em conta, SENHOR, as culpas, Senhor, quem poderá subsistir? Mas contigo está o perdão, pelo que és reverenciado.
2. Aguardo o SENHOR, aguardo com toda a minha alma e espero na sua palavra. Minha alma espera no Senhor, mais que as sentinelas pela aurora, bem mais que as sentinelas pela aurora.
3. Israel, põe tua esperança no SENHOR, pois no SENHOR há misericórdia e junto dele, copiosa redenção. É ele que redime Israel de todas as suas iniquidades.

Orientação: O salmo poderá ser cantado. Para isso sugere-se como opção o canto: **Confia minh'alma no Senhor**
(Salmo 129(130) – L.: Lecionário / M.: J. Gelineau)

SILÊNCIO MEDITATIVO

Dirigente: Em silêncio meditemos as palavras do Salmo.

ACLAMAÇÃO AO EVANGELHO

Dirigente: Não sabemos quando o Senhor virá. Aclamamos o santo Evangelho, cantando:

Tempo do Advento, Natal, Pascal e Comum
Aleluia, Aleluia, Aleluia!
A nossa pátria está nos Céus, donde esperamos o Senhor Jesus Cristo, nosso Salvador (*Fl 3,10*).

Tempo da Quaresma
Honra, glória, poder e louvor a Jesus, nosso Deus e Senhor!
A nossa pátria está nos Céus, donde esperamos o Senhor Jesus Cristo, nosso Salvador (*Fl 3,10*).

PROCLAMAÇÃO DO EVANGELHO DE NOSSO SENHOR JESUS CRISTO SEGUNDO SÃO LUCAS 12,35-40.

Tende as cinturas cingidas e vossas lâmpadas acesas. Sede como quem espera o seu senhor de volta das festas de casamento, para lhe abrir a porta quando ele chegar e bater. Felizes os escravos que o senhor achar vigiando. Eu vos asseguro: Ele cingirá o avental, fará com que se ponham à mesa e os servirá. Se chegar à meia-noite ou às três da madrugada, e assim os encontrar, felizes serão eles! Vós bem sabeis que, se o pai de família soubesse a hora em que viria o ladrão, não deixaria arrombar-lhe a casa. Estai, pois, preparados, porque na hora em que menos pensais virá o Filho do homem".

Palavra da Salvação.

Todos: Glória a Vós, Senhor.

SILÊNCIO MEDITATIVO

Dirigente: Em silêncio meditemos a Palavra do Senhor que ouvimos.

MOMENTO DE REFLEXÃO

Irmãos e irmãs de fé, em nossa vida nem sempre conseguimos viver o tempo todo em boas relações. Às vezes nos distanciamos de Deus e isso nos conduz a atitudes que ofendem a Deus e aos irmãos. Mas, a Palavra que ouvimos nos convida com insistência para estarmos sempre atentos, podemos dizer, sempre buscando a reconciliação diante de nossos pecados, pois não sabemos o momento em que seremos chamados para a eternidade. E, se no momento de nosso encontro com Deus estivermos reconciliados, certamente seremos agraciados com a felicidade plena, que é o desejo de Deus para toda humanidade. Busquemos sempre a reconciliação, que nos possibilitará viver e morrer bem.

REFRÃO ORANTE

Dirigente: Juntos cantemos o refrão orante.
Misericórdia, Senhor, misericórdia. Misericórdia.
(*Micaela B. Lhotzky Beger*)

Dirigente: Reunidos pela fé, juntos professemos:

Creio em Deus Pai todo-poderoso, criador do céu e da terra; e em Jesus Cristo, seu único Filho, nosso Senhor; que foi concebido pelo poder do Espírito Santo e nasceu da Virgem Maria, padeceu sob Pôncio Pilatos, foi crucificado, morto e sepultado. Desceu à mansão dos mortos; ressuscitou ao terceiro dia; subiu aos Céus e está sentado à direita de Deus Pai todo-poderoso, de onde há de vir a julgar os vivos e os mortos. Creio no Espírito Santo, na santa Igreja Católica, na comunhão dos Santos, na remissão dos pecados, na ressurreição da carne e na vida eterna. Amém!

ORAÇÃO DOS FIÉIS

Dirigente: Ao Pai das misericórdias, elevamos nossas preces em favor de nosso/a irmão/ã, rezando a cada pedido:

Senhor, tende piedade.

1. Senhor, olhai com amor de Pai este/a vosso/a filho/a que se apresenta diante de Vós. Rezemos:
2. Senhor, sede compassivo com seus pecados e concedei-lhe a vida eterna. Rezemos:
3. Senhor, perdoai os que vos ofendem e orientai-os no caminho da salvação. Rezemos:
4. Senhor, acolhei no vosso Reino todos os que buscam viver retamente vossos mandamentos. Rezemos:

Dirigente: Acolhei, ó Pai, nossas súplicas neste momento de dor e tristeza e fortalecei nossa fé na plenitude da vida. Por Cristo, nosso Senhor.

Todos: Amém!

3. RITOS FINAIS

Dirigente: A Vós, senhor, voltamos nosso coração, rezando com fé e esperança na vida eterna a oração que Jesus nos ensinou: **Pai nosso...**

ORAÇÃO

Dirigente: Ó Pai, Vós que sois infinitamente santo e misericordioso, perdoai os pecados deste/a vosso/a filho/a (*dizer o nome*) fazendo-o passar da morte para a vida em plenitude, gozando eternamente de vosso Reino de felicidade e de paz. Por nosso Senhor, Jesus Cristo, vosso Filho, na unidade com o Espírito Santo.

Todos: Amém!

Dirigente: Dai-lhe, Senhor, o repouso eterno.

Todos: E brilhe para ele/a a vossa luz.

Dirigente: Descanse em paz.

Todos: Amém!

Dirigente: Louvado seja nosso Senhor Jesus Cristo!

Todos: Para sempre seja louvado!

Dirigente: Sejamos sempre firmes na fé e na esperança da ressurreição em Cristo Jesus.

Canto: Deus enviou seu Filho amado (*L. e M.: D.R.*)

1. Deus enviou seu Filho amado para morrer no meu lugar. Na cruz pagou por meus pecados, mas o sepulcro vazio está, porque Ele vive.

   Porque Ele vive, eu posso crer no amanhã. Porque Ele vive, temor não há. Mas, eu bem sei que o meu futuro está nas mãos do Jesus, que vivo está.

3
Oração de gratidão

Orientação: *Após certo período, propõe-se outro momento de oração. Este tendo um caráter mais de louvor/gratidão pela vida.*

1. RITOS INICIAIS

Dirigente: A vida é dom e graça de Deus. Somos agradecidos por partilhar da história deste/a irmão/ã.

REFRÃO ORANTE

Dirigente: Juntos cantemos o refrão orante.
Canta, minh'alma, canta louvores ao Senhor, que maravilhas tantas fez Ele em teu favor.
(Canta, minh'alma – *Ir. Miria T. Kolling*)

Dirigente: Em nome do Pai, e do Filho e do Espírito Santo.
Todos: Amém!
Dirigente: A graça e a paz de Deus, nosso Pai, de Jesus, nosso irmão e do Espírito Santo estejam convosco.
Todos: Bendito seja Deus que nos reuniu no amor de Cristo!

Dirigente: Irmão e irmãs, nesta oração queremos bendizer a Deus pela vida deste nosso/a irmão/ã (*dizer o nome*), que junto com a família, a comunidade, os amigos, certamente viveu muitos momentos bons que merecem ser recordados com alegria. Por isso, espontaneamente vamos recordar (*partilhar*). Em gratidão cantemos:

Orientação: sugere-se o canto **A morte já não mata mais**
(*L. e M.: Waldeci Farias*)

ORAÇÃO

Dirigente: Ó Deus, este/a vosso/a filho/a (*dizer o nome*) buscou viver em comunhão contigo e com os irmãos e irmãs. Bendizendo pela sua vida e confiantes na ressurreição nós vos agradecemos por sua presença entre nós e o/a te entregamos para que possa participar da plenitude da vida. Por nosso Senhor, Jesus Cristo, vosso Filho, na unidade com o Espírito Santo.

Todos: Amém!

2. LITURGIA DA PALAVRA

LEITURA DA CARTA DE SÃO PAULO AOS ROMANOS 5,21.6,3-9.

Assim como o pecado reinou pela morte, também a graça reina pela justiça para a vida eterna, por Jesus Cristo nosso Senhor. Ou ignorais que todos nós, batizados para Cristo Jesus, fomos batizados na sua morte? Pelo batismo fomos sepultados com ele na morte para que, assim como Cristo ressuscitou dos mortos pela glória do Pai, também nós andemos em novidade de vida. Pois, se estamos inseridos na solidariedade de sua morte, também o seremos na solidariedade da ressurreição. Sabemos que nossa velha natureza pecadora foi crucificada com Ele, para que fosse destruído o corpo de pecado e já não servíssemos ao pecado. Com efeito, quem morre está livre do pecado. Se morremos com Cristo, cremos que também viveremos com Ele e sabemos que Cristo, ressuscitado dos mortos, já não morre, a morte já não tem poder sobre Ele.

Palavra do Senhor.

Todos: Graças a Deus.

SILÊNCIO MEDITATIVO

Dirigente: Em silêncio meditemos a Palavra do Senhor que ouvimos.

MOMENTO DE REFLEXÃO

Irmãos e irmãs, somos gratos por termos acolhido Jesus Cristo em nossa vida e participarmos da graça de sermos filhos de Deus. Desde o dia de nosso batismo já estamos vivendo essa graça. Em Cristo morremos ao pecado e ressuscitamos pela misericórdia à vida em plenitude. É unidos a Cristo que devemos viver cada dia de nossa peregrinação, não nos esquecendo nunca de agradecer a sua presença em nosso caminhar para que, no dia em que formos chamados à eternidade, possamos ser por Ele acolhidos no Reino dos Céus.

SALMO RESPONSORIAL – 23(22)

O Senhor é meu pastor: nada me falta.

1. Em verdes pastagens me faz repousar, conduz-me até às fontes tranquilas e reanima minha vida; guia-me pelas sendas da justiça para a honra de seu nome.

2. Ainda que eu ande por um vale de espessas trevas, não temo mal algum, porque Tu estás comigo; teu bastão e teu cajado me confortam.
3. Diante de mim preparas a mesa, bem à vista dos meus inimigos; Tu me unges com óleo a cabeça, minha taça transborda.
4. Bondade e amor certamente me acompanharão todos os dias de minha vida, e habitarei na casa do SENHOR por longos dias.

Orientação: O salmo poderá ser cantado. Para isso sugere-se como opção o canto: **Pelos prados e campinas**
(*Pe. Zezinho*)

SILÊNCIO MEDITATIVO

Dirigente: Em silêncio meditemos as palavras do Salmo.

REFRÃO ORANTE

Dirigente: Juntos cantemos o refrão orante.
Somos todos cidadãos do céu: desde já aguardamos Jesus Cristo, o Salvador. (*cf. Fl 3,20*)
(Somos todos cidadãos do céu – *V.: J. Fonseca / M.: D.P.;
adapt. J. Fonseca*)

Dirigente: Reunidos pela fé, juntos professemos: **Creio em Deus** Pai todo poderoso, criador do céu e da terra; e em Jesus Cristo, seu único Filho, nosso Senhor; que foi concebido pelo poder do Espírito Santo e nasceu da Virgem Maria, padeceu sob Pôncio Pilatos, foi crucificado, morto e sepultado.

Desceu à mansão dos mortos; ressuscitou ao terceiro dia; subiu aos Céus e está sentado à direita de Deus Pai todo-poderoso, de onde há de vir a julgar os vivos e os mortos. Creio no Espírito Santo, na santa Igreja Católica, na comunhão dos Santos, na remissão dos pecados, na ressurreição da carne e na vida eterna. Amém!

ORAÇÃO DOS FIÉIS

Dirigente: Ao rendermos graças ao Senhor pela vida deste/a nosso/a irmão/ã, elevemos louvores ao Senhor, rezando:

Obrigado, Senhor!

1. Pelo dom da vida deste/a nosso/a irmão/a.

2. Por tudo de bom que realizou entre nós.

3. Pelo testemunho de fé e esperança.

4. Pelo amor que viveu com sua família.

5. Por ter sido amigo/a de tantas pessoas.

6. Por colocar seus dons a serviço da vida.

7. Por ser sinal de vossa presença no mundo.

Dirigente: Gratos por termos convivido com esta pessoa, nós te bendizemos, ó Pai, por teu Filho amado, Cristo, nosso Senhor.

Todos: Amém!

3. RITOS FINAIS

Dirigente: Na certeza da plenitude da vida deste/a irmão/ã, rezemos confiantes: **Pai nosso...**

ORAÇÃO

Dirigente: Ó Pai, em vosso imenso amor não quereis que nenhum de teus filhos e filhas se percam, mas que todos participem do teu Reino. Na certeza que pelo seu testemunho de vida nosso/a irmão/ã (*dizer o nome*) já desfruta da eternidade, nós te agradecemos. Por Cristo, nosso Senhor.

Todos: Amém!

Dirigente: Dai-lhe, Senhor, o repouso eterno.

Todos: E brilhe para ele/a vossa luz.

Dirigente: Descanse em paz.

Todos: Amém!

Dirigente: Louvado seja nosso Senhor Jesus Cristo!

Todos: Para sempre seja louvado!

Dirigente: Sejamos sempre gratos pela vida, pois ela é dom de Deus para ser vivida com alegria e paz.

(*No decorrer do velório serão propostos outros momentos de oração.*)

Canto
Senhor, quem entrará?

(*Pe. Jonas Abib*)

1. Senhor, quem entrará no santuário pra te louvar? (bis) Quem tem as mãos limpas, e o coração puro, quem não é vaidoso, e sabe amar. (bis)

4
Oração de vigília

Orientação: *Esta deve acontecer à noite, podendo inclusive ser repetida no decorrer da noite e da madrugada.*

1. RITOS INICIAIS

Dirigente: Nessa noite de vigília junto ao corpo que habitou a vida de (*dizer o nome*) colocamo-nos em atitude de oração.

REFRÃO ORANTE

Dirigente: Juntos cantemos o refrão orante.

<u>**Tempo do Advento, Natal, Pascal e Comum**</u>
Confiemo-nos ao Senhor. Ele é justo e tão bondoso. Confiemo-nos ao Senhor, aleluia!
(Confiemo-nos ao Senhor – *Taizé*)

<u>**Tempo da Quaresma**</u>
Não te perturbes (*Taizé*)
Não te perturbes, nada te espante. Quem com Deus anda, nada lhe falta! Não te perturbes, nada te espante, basta Deus, só Deus!

Dirigente: Em nome do Pai, e do Filho e do Espírito Santo.

Todos: Amém!

Dirigente: Bendigamos ao Senhor, que, pela ressurreição de seu Filho, nos fez renascer para uma esperança viva.

Todos: Amém!

Dirigente: Amados familiares e amigos, é natural sentirmos quando nos separamos definitivamente de uma pessoa que amamos. Mas, também, é natural a nós cristãos a certeza da vida eterna, por isso, queremos nos deixar conduzir pela fé em Cristo, vencedor da morte. Vivamos intensamente a dor da entrega, mas não deixemos a tristeza tomar nosso coração, porque quem confessa Cristo diante da humanidade, Ele dará testemunho diante do Pai. Tenhamos fé!

Canto: Sugere-se **Eu confio em nosso Senhor**
Eu confio em nosso Senhor com fé, esperança e amor... (Bis)
(*L. e M.: Jorge Pinheiro*)

ORAÇÃO

Dirigente: Senhor Jesus Cristo, nosso Redentor, pela vossa morte na cruz a humanidade passou da morte à vida, volva vosso olhar para estes servos que choram seu ente querido e fortalecei-os na certeza de que este nosso/a irmão/ã não se separa de Vós, mas vive a felicidade e a paz na glória eterna. Vós que sois Deus com o Pai na unidade do Espírito Santo.

Todos: Amém!

2. LITURGIA DA PALAVRA

LEITURA DO SEGUNDO LIVRO DOS MACABEUS 12,43-45

Depois, tendo organizado uma coleta entre os soldados, mandou a Jerusalém cerca de duas mil dracmas para que se oferecesse um sacrifício expiatório. Ação muito justa e nobre, inspirada no pensamento da ressurreição! Pois, se não esperasse que os soldados caídos haviam de ressuscitar, teria sido supérfluo e insensato orar pelos mortos. Considerando ele, porém, que belíssima recompensa está reservada aos que morrem piedosamente, seu pensamento foi santo e piedoso. Eis por que mandou oferecer aquele sacrifício pelos mortos, para que ficassem livres do seu pecado.

Palavra do Senhor.
Todos: Graças a Deus.

SALMO RESPONSORIAL – 62(63)

Ó Deus, minha alma tem sede de ti.

1. Ó Deus, Tu és meu Deus; a ti procuro, minha alma tem sede de ti; todo o meu ser anseia por ti, como a terra ressequida, esgotada, sem água. Assim estava eu quando te contemplei no santuário, vendo teu poder e tua glória. Pois teu amor vale mais que a vida, meus lábios te louvarão.

2. Assim, eu te bendirei durante a minha vida, ao teu nome erguerei as mãos. Eu me sacio como de gordura e manteiga, com lábios jubilosos minha boca entoa louvores, quando em meu leito me recordo de ti, em ti medito durante as horas de vigília.

3. Pois foste o meu socorro, e à sombra de tuas asas eu canto de alegria. Tenho a alma apegada a ti, tua mão direita me sustenta. Mas os que procuram minha ruína irão às profundezas da terra, serão entregues ao poder da espada, virão a ser presa dos chacais.

4. O rei, porém, se alegrará em Deus; todo aquele que jura por ele poderá gloriar-se, pois se fechará a boca aos mentirosos.

Orientação: O Salmo poderá ser cantado. Para isso sugere-se como opção o canto: **A minh'alma tem sede de vós**
(M.: Reginaldo Veloso / CD "Liturgia VII" - Hin. CNBB – Paulus)

ACLAMAÇÃO AO EVANGELHO

Tempo do Advento, Natal, Pascal e Comum
Aleluia, aleluia, aleluia!
A nossa pátria está nos Céus, donde esperamos o nosso Salvador, o Senhor Jesus Cristo (Fl 3,20).

Tempo da Quaresma
Honra, glória, poder e louvor, a Jesus nosso Deus e Senhor.
A nossa pátria está nos Céus, donde esperamos o nosso Salvador, o Senhor Jesus Cristo (Fl 3,20).

EVANGELHO DE NOSSO SENHOR JESUS CRISTO SEGUNDO SÃO MATEUS 25,1-13

O Reino dos Céus será semelhante a dez virgens que saíram com suas lâmpadas ao encontro do noivo. Cinco eram tolas e cinco prudentes. Pegando as lâmpadas, as tolas não levaram óleo consigo. Mas as prudentes levaram reservas de óleo junto com as lâmpadas. Como o noivo demorasse, todas cochilaram e adormeceram. À meia-noite, ouviu-se um grito: "Lá vem o noivo! Saí-lhe ao encontro". Todas as virgens acordaram e se puseram a preparar as lâmpadas. As tolas disseram às prudentes: "Dai-nos um pouco de vosso óleo, porque nossas lâmpadas estão se apagando". Mas as prudentes responderam: "Não temos o suficiente para nós e para vós; é melhor irdes aos vendedores comprar". Enquanto elas foram comprar, chegou o noivo. As que estavam prontas entraram com ele para a festa do casamento, e a porta foi fechada. Mais tarde, chegaram as outras virgens e gritaram: "Senhor, senhor, abre-nos a porta". Mas ele respondeu: "Na verdade, não vos conheço". Vigiai, pois, porque não sabeis nem o dia nem a hora.

Palavra da Salvação.

Todos: Glória a Vós, Senhor.

SILÊNCIO MEDITATIVO

Dirigente: Em silêncio meditemos a Palavra do Senhor que ouvimos.

MOMENTO DE REFLEXÃO

Caros irmãos e irmãs de fé, nessa noite em que estamos juntos aos familiares celebrando o velório de nosso/a irmão/ã, somos chamados pela Palavra que rezamos a crer firmemente na ressurreição, pois essa já era uma realidade presente na fé do povo Macabeus no Antigo Testamento, antes da vinda de Jesus à terra. A oração e o sacrifício pelos mortos era sinal da certeza que Deus os livraria dos pecados e lhes daria a recompensa.

Em Jesus se tornou claro que após nossa peregrinação nesta terra viveremos eternamente junto de Deus, mas para que possamos ser participantes do banquete celeste devemos estar sempre atentos, vigilantes, preparados como as virgens prudentes, que mesmo o noivo chegando em hora inesperada estavam prontas para a festa, enquanto as tolas precisaram ainda se preparar e acabaram ficando de fora da festa. Nossa peregrinação no mundo não deve ser vivida à toa, mas comprometida com a proposta de Jesus presente nos Santos Evangelhos. É preciso ter sede de Deus e buscá-lo incansavelmente como a terra sedenta, pois assim participaremos da festa que não tem fim no Reino dos Céus. Vigiai, porque quando menos esperais o Senhor virá!

PROFISSÃO DE FÉ

Dirigente: Com a esperança posta na ressurreição e na vida eterna que em Cristo nos foi prometida, professemos nossa fé, rezando: **Creio em Deus** Pai todo-poderoso, criador do céu e da terra; e em Jesus Cristo, seu único Filho, nosso Senhor; que foi concebido pelo poder do Espírito Santo e nasceu da Virgem Maria, padeceu sob Pôncio Pilatos, foi crucificado, morto e sepultado. Desceu à mansão dos mortos, ressuscitou ao terceiro dia; subiu aos Céus e está sentado à direita de Deus Pai todo poderoso, de onde há de vir a julgar os vivos e os mortos. Creio no Espírito Santo, na santa Igreja Católica, na comunhão dos Santos, na remissão dos pecados, na ressurreição da carne e na vida eterna. Amém!

ORAÇÃO DOS FIÉIS

Dirigente: Elevemos a nossa oração a Deus Pai todo-poderoso, que ressuscitou Jesus Cristo seu Filho, e imploremos a paz e a salvação dos vivos e dos mortos, rezando:

Ouvi-nos, Senhor.

1. Para que confirme todo o povo cristão na unidade da fé e na esperança da vinda gloriosa de Cristo. Rezemos:
2. Para que, em toda a terra, livre a humanidade dos horrores da fome, da violência e da guerra. Rezemos:
3. Para que manifeste a sua misericórdia aos nossos irmãos sem lar, sem pão ou sem trabalho. Rezemos:
4. Para que receba na companhia dos Santos o/a nosso/a irmão/ã (*dizer o nome*), que recebeu pelo Batismo o gérmen da vida eterna. Rezemos:
5. Para que leve os que morreram na esperança da ressurreição a contemplar no Céu o esplendor da sua face. Rezemos:
6. Por todos nós que choramos, com esta família, a morte do/a nosso/a irmão/ã (*dizer o nome*), dai-nos a consolação da fé e da esperança na vida eterna. Rezemos:

Dirigente: Nós Vos pedimos, Senhor, que a nossa oração seja proveitosa a vosso/a servo/a (*dizer o nome*), purificai-o/a de todos os seus pecados e fazei-o/a participar na plenitude da redenção. Por Cristo, nosso Senhor.

Todos: Amém!

3. RITOS FINAIS

Dirigente: Na vivência desta vigília por nosso/a irmão/ã, certos do auxílio divino, rezemos: **Pai nosso...**

ORAÇÃO

Dirigente: Sede misericordioso, Senhor, para com este/a vosso/a filho/a, que se empenhou em cumprir a vossa vontade. E assim como na terra a verdadeira fé o juntou à assembleia dos fiéis, assim também no Céu a vossa misericórdia o associe aos coros dos Anjos. Por Cristo, nosso Senhor.

Todos: Amém!

Dirigente: Dai-lhe, Senhor, o repouso eterno.

Todos: E brilhe para ele/a a vossa luz.

Dirigente: Descanse em paz.

Todos: Amém!

Dirigente: Louvado seja nosso Senhor Jesus Cristo!

Todos: Para sempre seja louvado!

Dirigente: Solidários com a família, façamos esta noite de vigília. Que a paz do Senhor inunde vossos corações.

Canto: Maria, ó mãe cheia de graça *(L. e M.: Ir Miria T. Kolling)*
Maria, ó mãe cheia de graça, Maria protege os filhos teus, Maria, Maria, nós queremos contigo estar nos céus.

1. Aqui servimos a Igreja do teu Filho, sob o teu imaculado coração. Dá-nos a bênção, e nós faremos, de nossa vida uma constante oblação.
2. Ah! quem me dera poder estar agora, festejando lá no céu nosso Senhor! Mas sei que chega a minha hora, e então, feliz, eu cantarei o seu louvor.
3. A nossa vida é feita de esperança, paz e flores nós queremos semear. Felicidade somente alcança, quem cada dia se dispõe a caminhar.

5
Oração do terço

Dirigente: Em nossa vida, Nossa Senhora é inspiração para o seguimento de Jesus. Ao meditarmos esses mistérios deixemo-nos iluminar pela luz do Senhor.

REFRÃO ORANTE

Dirigente: Juntos cantemos o refrão orante.
Ave, Ave, Ave Maria! Ave, Ave, Ave Maria!
(Ave, Ave, Ave Maria! – *D.R.*)

Dirigente: Ao rezarmos este terço, sinal de nossa devoção mariana, nossa intenção principal, querida Mãe Maria, é por esta/a vosso/a filho/a (*dizer o nome*), que enquanto peregrinou neste mundo, testemunhou a fé em Nosso Senhor Jesus Cristo, Salvador da humanidade, a fim de que já esteja a contemplá-lo face a face no Reino dos Céus. Rezemos:

Todos: Em nome do Pai, e do Filho e do Espírito Santo. Amém.

Todos: Creio em Deus Pai todo-poderoso, criador do céu e da terra, e em Jesus Cristo, seu único Filho, nosso Senhor; que foi concebido pelo poder do Espírito Santo, nasceu da Virgem Maria, padeceu sob Pôncio Pilatos, foi crucificado, morto e sepultado. Desceu à mansão dos mortos ressuscitou ao terceiro dia; subiu aos céus e está sentado à direita de Deus Pai todo-poderoso, de onde há de vir a julgar os vivos e os mortos. Creio no Espírito Santo, na santa Igreja católica, na comunhão dos santos, na remissão dos pecados, na ressurreição da carne, na vida eterna. Amém!

Dirigente: Pai nosso que estais nos céus, santificado seja o vosso nome, venha a nós o vosso Reino, seja feita a vossa vontade assim na terra como no céu.

Todos: O pão nosso de cada dia dai-nos hoje, perdoai-nos as nossas ofensas, assim como nós perdoamos a quem nos tem ofendido, e não nos deixeis cair em tentação, mas livrai-nos do mal.

Dirigente: (3 Ave-Marias) Ave Maria, cheia de graça, o Senhor é convosco, bendita sois vós entre as mulheres e bendito é o fruto do vosso ventre, Jesus.

Todos: Santa Maria, Mãe de Deus, rogai por nós pecadores, agora e na hora da nossa morte. Amém.

Dirigente: Glória ao Pai e ao Filho e ao Espírito Santo.

Todos: Como era no princípio, agora e sempre. Amém!
Ó meu Bom Jesus, perdoai-nos e livrai-nos do fogo do inferno; levai as almas todas para o Céu e socorrei principalmente as que mais precisarem.

Invocação de Nossa Senhora

REFRÃO ORANTE

Dirigente: Juntos cantemos o refrão orante.
Firme de pé, junto da cruz, /:estava Maria, mãe de Jesus.:/
(Firme de pé – *L.: Fr. Alonso Temme / M.: Reginaldo Veloso*)

Primeiro Mistério

Dirigente: Neste primeiro Mistério, diante deste corpo que habitava a vida de nosso/a irmão/ã (*dizer o nome*) vamos meditar o valor da vida que, não morre com o corpo, mas se eterniza, porque somos criados a imagem de Deus. A pessoa que neste corpo habitava vive em Deus, está viva, participando da alegria eterna.

Rezar 1 Pai-nosso, 10 Ave-Marias e 1 Glória-ao-Pai.

Ó meu Bom Jesus, perdoai-nos e livrai-nos do fogo do inferno; levai as almas todas para o Céu e socorrei principalmente as que mais precisarem.

Invocação de Nossa Senhora

REFRÃO ORANTE

Dirigente: Juntos cantemos o refrão orante.
Firme de pé, junto da cruz, /:estava Maria, mãe de Jesus.:/
(Firme de pé – *L.: Fr. Alonso Temme / M.: Reginaldo Veloso*)

Segundo Mistério

Dirigente: Neste segundo Mistério, vamos meditar a morte e ressurreição de Jesus, o Senhor da vida, o Cristo da glória, que na casa do Pai a todos/as que vivem unidos/as a Ele neste mundo têm um lugar preparado. Assim, (*dizer o nome*) toma posse de sua herança.

Rezar 1 Pai-nosso, 10 Ave-Marias e 1 Glória-ao-Pai.

Ó meu Bom Jesus, perdoai-nos e livrai-nos do fogo do inferno; levai as almas todas para o Céu e socorrei principalmente as que mais precisarem.

Invocação de Nossa Senhora

REFRÃO ORANTE

Dirigente: Juntos cantemos o refrão orante.

Firme de pé, junto da cruz, /:estava Maria, mãe de Jesus.:/

(Firme de pé – *L.: Fr. Alonso Temme / M.: Reginaldo Veloso*)

Terceiro Mistério

Dirigente: Neste terceiro Mistério, vamos meditar sobre este encontro definitivo com Deus, ao qual todos nós um dia iremos celebrar. É preciso viver bem para assim morrer bem! Somos chamados a ter uma relação de amizade com Deus, a qual perpassa na amizade com os irmãos, só assim preparamos bem o nosso encontro com Deus. Estejamos vigilantes!

Rezar 1 Pai-nosso, 10 Ave-Marias e 1 Glória-ao-Pai.

Ó meu Bom Jesus, perdoai-nos e livrai-nos do fogo do inferno; levai as almas todas para o Céu e socorrei principalmente as que mais precisarem.

Invocação de Nossa Senhora

REFRÃO ORANTE

Dirigente: Juntos cantemos o refrão orante

Firme de pé, junto da cruz, /:estava Maria, mãe de Jesus.:/

(Firme de pé – *L.: Fr. Alonso Temme / M.: Reginaldo Veloso*)

Quarto Mistério

Dirigente: Neste quarto Mistério, vamos meditar sobre o sofrimento, a dor e a saudade que experimentamos quando da morte de um familiar ou amigo. A luz divina, a fé e a presença dos amigos dão a esperança para viver e superar esta dor. Sejamos solidários e próximos da família que entrega a Deus seu ente querido/a.

Rezar 1 Pai-nosso, 10 Ave-Marias e 1 Glória-ao-Pai.

Ó meu Bom Jesus, perdoai-nos e livrai-nos do fogo do inferno; levai as almas todas para o Céu e socorrei principalmente as que mais precisarem.

Invocação de Nossa Senhora

REFRÃO ORANTE

Dirigente: Juntos cantemos o refrão orante.
Firme de pé, junto da cruz, /:estava Maria, mãe de Jesus.:/
(Firme de pé – *L.: Fr. Alonso Temme / M.: Reginaldo Veloso*)

Quinto Mistério

Dirigente: Neste quinto Mistério, vamos meditar o testemunho de Nossa Senhora, que sofreu diante da morte de seu Filho Jesus no Calvário, recebendo-o morto em seus braços. Mesmo assim, continuou perseverante na fé, pois vivia a certeza da vitória de Cristo sobre a morte e a esperança da vida eterna a todos os que o seguem fielmente.

Rezar 1 Pai-nosso, 10 Ave-Marias e 1 Glória-ao-Pai.

Ó meu Bom Jesus, perdoai-nos e livrai-nos do fogo do inferno; levai as almas todas para o Céu e socorrei principalmente as que mais precisarem.

Invocação de Nossa Senhora

REFRÃO ORANTE

Dirigente: Juntos cantemos o refrão orante.

Firme de pé, junto da cruz, /:estava Maria, mãe de Jesus.:/

(Firme de pé – *L.: Fr. Alonso Temme / M.: Reginaldo Veloso*)

Agradecimento

Dirigente: Infinitas graças vos damos, soberana Rainha, pelos benefícios que todos os dias recebemos de vossas mãos maternais. Dignai-vos, agora e sempre, tomar-nos sob o vosso poderoso amparo. E, para melhor expressarmos o nosso agradecimento, especialmente pela vida deste/a nosso/a irmão/ã (*dizer o nome*), vos saudamos com uma Salve-Rainha: *Salve Rainha, Mãe de misericórdia, vida, doçura e esperança nossa, salve! A vós bradamos os degredados filhos de Eva; a vós suspiramos, gemendo e chorando neste vale de lágrimas. Eia, pois, advogada nossa, esses vossos olhos misericordiosos a nós volvei; e depois deste desterro nos mostrai Jesus, bendito fruto do vosso ventre, ó clemente, ó piedosa, ó doce sempre Virgem Maria. Rogai por nós, santa Mãe de Deus.*

Assembleia: Para que sejamos dignos das promessas de Cristo.

Dirigente: Eu vos convido a rezarmos esta oração:

"Senhor, que nada nos afaste de ti"

Deus de infinita misericórdia, confiamos à tua imensa bondade aqueles que deixaram este mundo para a eternidade, onde Tu aguardas toda a humanidade redimida pelo sangue precioso de Cristo, morto para nos libertar dos nossos pecados.

Não olhes, Senhor, para as tantas pobrezas, misérias e fraquezas humanas quando nos apresentarmos diante do teu tribunal, para sermos julgados, para a felicidade ou a condenação. Dirige para nós o teu olhar misericordioso que nasce da ternura do teu coração, e ajuda-nos a caminhar na estrada de uma completa purificação. Que nenhum dos teus filhos se perca no fogo eterno do inferno onde já não poderá haver arrependimento. Nós te confiamos, Senhor, as almas dos nossos entes queridos, das pessoas que morreram sem o conforto sacramental, ou não tiveram ocasião de se arrepender nem mesmo no fim da sua vida. Que ninguém tenha receio de te encontrar depois da peregrinação terrena, na esperança de sermos recebidos nos braços da tua infinita misericórdia. Que a irmã morte corporal nos encontre vigilantes na oração e carregados de todo o bem realizado ao longo da nossa breve ou longa existência. Senhor, nada nos afaste de ti nesta terra, mas em tudo nos dês o apoio no ardente desejo de repousar serena e eternamente em ti. Amém! (*Pe. Antonio Rungi, passionista, rezada pelo Papa Francisco na comemoração de todo os fiéis defuntos em 2014*)

Dirigente: Dai-lhe, Senhor, o repouso eterno.

Todos: E brilhe para ele/a a vossa luz.

Dirigente: Descanse em paz.

Todos: Amém!

Dirigente: Louvado seja nosso Senhor Jesus Cristo!

Todos: Para sempre seja louvado!

Dirigente: A exemplo de Maria, nossa mãe, sejamos firmes na fé e perseverantes na esperança. (*No decorrer do velório serão propostos outros momentos de oração.*)

Dirigente: Juntos cantemos o refrão orante.

Firme de pé, junto da cruz, /:estava Maria, mãe de Jesus.:/

(Firme de pé – *L.: Fr. Alonso Temme / M.: Reginaldo Veloso*)

6
Oração do amanhecer

Orientação: *Esta oração é proposta para quando o dia vai amanhecendo.*

1. RITOS INICIAIS

Dirigente: Assim como a luz do dia vence a escuridão da noite, temos certeza de que a ressurreição vence a morte.

REFRÃO ORANTE

Dirigente: Juntos cantemos o refrão orante.
O sol do amanhecer veio nos visitar! Cristo é nossa luz! Cristo é nossa luz!
(O sol do amanhecer – *L.: Fr. Telles Ramon –*
M.: Daniel De Angeles)

Dirigente: Em nome do Pai e do Filho e do Espírito Santo.
Todos: Amém!
Dirigente: Assim como a luz vence as trevas da escuridão, Cristo venceu com sua ressurreição a morte, por isso vos desejo que a luz divina, esteja convosco.

Todos: Bendito seja Deus que nos reuniu no amor de Cristo!

Dirigente: Irmãos e irmãs, após passar a noite em vigília de oração pelo eterno descanso de nosso/a irmão/ã (*dizer o nome*), nesta manhã queremos nos colocar diante do Senhor com a certeza de que ele/a já participa, pela graça de vosso amor e misericórdia, do Reino dos Céus.

Canto: Mais perto de Deus (*L. e M.: Frei Luiz Turra*)

1. Mais perto de Deus, ó Pai dos céus, mais perto dos irmãos que são filhos seus. Não há maior amor que faça tanto assim como o amor de Deus, que é amor sem fim.
2. Mais perto de Deus, ó Pai dos céus, somos um povo irmão em comunhão. Temos um mesmo Pai, temos a mesma fé. Vamos seguir Jesus de Nazaré.
3. Mais perto de Deus, vamos buscar mais esperança e paz, que nos refaz. Hinos de gratidão, juntos a entoar, mais perto de Deus, vamos cantar.

ORAÇÃO

Dirigente: Senhor Jesus Cristo, Salvador do mundo, Sol da justiça, te pedimos pelo/a nosso/a irmão/ã (*dizer o nome*), que sempre manifestou pelas palavras e atitudes a fé em ti, que assim como a luz do amanhecer vence a escuridão da noite, que a luz do céu tenha se aberto para recebê-lo na eternidade. Vós que sois Deus, com o Pai e o Espírito Santo.

Todos: Amém!

2. LITURGIA DA PALAVRA

LEITURA DA SEGUNDA CARTA DE SÃO PAULO AOS CORÍNTIOS 5,1.6-10.

Sabemos, com efeito, que ao se desfazer a tenda que habitamos – nossa casa terrestre – teremos nos céus uma casa preparada por Deus e não por mãos humanas, uma casa eterna. Por isso gememos em nossa tenda, desejando ser revestidos de nossa morada celeste, na suposição de sermos encontrados vestidos e não despidos. Realmente, enquanto moramos nesta tenda, suspiramos oprimidos, porque não queremos ser despidos, mas sim revestidos de uma veste nova sobre a outra, para o mortal ser absorvido pela vida. Foi Deus mesmo que assim nos fez, dando-nos a garantia de seu Espírito. Assim estamos sempre confiantes, persuadidos de que o tempo que passamos no corpo é um exílio distante do Senhor. Pois todos teremos de comparecer diante do tribunal de Cristo. Aí cada um receberá segundo o que houver praticado pelo corpo, bem ou mal.

Palavra do Senhor.

Assembleia: Graças a Deus.

SALMO RESPONSORIAL – 115(116),10-19

É o Senhor quem salva minha vida.

1. Conservei a confiança, mesmo quando dizia :"Estou muito aflito". Na minha ansiedade eu dizia: "Todos são mentirosos". Como poderei retribuir ao Senhor por todos os seus benefícios para comigo?

2. Elevarei o cálice da salvação e invocarei o nome do Senhor. Cumprirei meus votos para com o Senhor na presença de todo o seu povo. É duro para o Senhor ver morrer seus fiéis.

3. Ah! S<small>ENHOR</small>, já que sou teu servo, o filho de tua serva, soltaste meus grilhões. Eu te oferecerei um sacrifício de ação de graças e invocarei o nome do S<small>ENHOR</small>.

4. Cumprirei meus votos para com o S<small>ENHOR</small> na presença de todo o seu povo, nos átrios da casa do S<small>ENHOR</small>, no meio de ti, Jerusalém. Aleluia!

Orientação: O Salmo poderá ser cantado. Para isso sugere-se como opção o canto: **Esperamos no Senhor**

(*Salmo 115(116) – Versão: R. Veloso / M.: Ref.: D.P./ Estrofes: J. Weber*).

SILÊNCIO MEDITATIVO

Dirigente: Em silêncio meditemos a Palavra do Senhor que ouvimos.

MOMENTO DE REFLEXÃO

Caros irmãos e irmãs, ao amanhecer de cada novo dia temos um exemplo claro da vitória da luz sobre as trevas, assim é a vitória da vida sobre a morte pela ressurreição de Cristo. A tenda, corpo que habitamos aqui na terra está sujeita as condições do mundo, inclusive da maldade. Ela precisa ser superada pela luz que recebemos na graça batismal, a qual nos marcou para a ressurreição, para a tenda celeste na casa eterna. Essa não é destruida por nada, pois é construída por Deus. Receber a tenda celeste é consequência de como suportamos e superamos as tentações enfrentadas neste mundo. Estejamos sempre confiantes no Senhor, pois só Ele pode mudar nosso corpo mortal em um corpo glorioso.

REFRÃO ORANTE

Dirigente: Juntos cantemos o refrão orante.

Jesus Cristo é o primogênito, o primeiro dentre os mortos; a Ele glória e poder pelos séculos. Amém. (Bis) (*cf. Ap 1,5-6*).

(Jesus Cristo é o primogênito – *V.: J. Fonseca / M.: D.P.; adapt. J. Fonseca*)

Dirigente: Reunidos pela fé, juntos professemos: **Creio em Deus** Pai todo-poderoso, criador do céu e da terra; e em Jesus Cristo, seu único Filho, nosso Senhor; que foi concebido pelo poder do Espírito Santo e nasceu da Virgem Maria, padeceu sob Pôncio Pilatos, foi crucificado, morto e sepultado. Desceu à mansão dos mortos; ressuscitou ao terceiro dia, subiu aos Céus e está sentado à direita de Deus Pai todo-poderoso, de onde há de vir a julgar os vivos e os mortos. Creio no Espírito Santo, na santa Igreja Católica, na comunhão dos Santos, na remissão dos pecados, na ressurreição da carne e na vida eterna. Amém!

ORAÇÃO DOS FIÉIS

Dirigente: Rezemos a Cristo, que transformará nosso corpo miserável à semelhança de seu Corpo glorioso, dizendo:

Senhor, Vós sois a ressurreição e a vida.

1. Cristo, ressuscitai para a vida e para a glória os mortos que redimistes com o vosso Sangue. Rezemos:
2. Cristo, consolai os que choram a morte de seus familiares e amigos queridos. Rezemos:
3. Cristo, despertai na humanidade a fé na ressurreição dos mortos e na vida futura. Rezemos:

4. Cristo, revelai o esplendor da vossa face aos mortos que ainda não chegaram à luz da glória. Rezemos:
5. Cristo, concedei-nos que desfeita nossa morada terrena alcancemos a eterna morada do Reino dos Céus. Rezemos:

Dirigente: Acolhei, Senhor, nossas súplicas e fortalecei nossa fé na vida eterna. Por Cristo, nosso Senhor.

Todos: Amém!

3. RITOS FINAIS

Dirigente: Ao despertar deste novo dia, cremos que nosso/a irmão/ã despertou na eternidade, por isso confiantes rezemos: **Pai nosso...**

ORAÇÃO

Dirigente: Pai Santo, Deus Eterno e Todo-Poderoso, nós vos pedimos por aqueles a quem chamastes deste mundo. Dai-lhes a felicidade, a luz e a paz. Que eles, tendo passado pela morte, participem do convívio de vossos santos na luz eterna, como prometestes a Abraão e à sua descendência, alcançando junto a Vós a vida imortal no Reino eterno. Por Cristo, nosso Senhor.

Todos: Amém!

Dirigente: Dai-lhe, Senhor, o repouso eterno.

Todos: E brilhe para ele/a a vossa luz.

Dirigente: Descanse em paz.

Todos: Amém!

Dirigente: Louvado seja nosso Senhor Jesus Cristo!

Todos: Para sempre seja louvado!

Dirigente: Permaneçamos na comunhão da oração com os familiares de nosso/a irmão/ã falecido. (*No decorrer do velório serão propostos outros momentos de oração.*)

Canto: Sugestão **Exéquias**

(*Pe. Zezinho*)

Orientação: *Neste momento pode ser declamada ou cantada a música Exéquias (letra e música do Pe. Zezinho).*

7
Celebração do levantamento do corpo na capela da ressurreição

(Essa celebração acontece um tempo antes da celebração exequial, quando essa acontece no mesmo espaço ou logo antes de deslocar-se para a Celebração das Exéquias na igreja.)

1. RITOS INICIAIS

Dirigente: Após esse período de velório, aproxima-se o momento da celebração exequial em que faremos a despedida definitiva de nosso/a irmão/ã.

REFRÃO ORANTE

Dirigente: Juntos cantemos o refrão orante.
Ó luz do Senhor que vem sobre a terra, inunda meu ser, permanece em nós.
(Ó luz do Senhor – L. e M.: Fr. Luiz Turra)

SAUDAÇÃO INICIAL

Dirigente: Em nome do Pai e do Filho e do Espírito Santo.
Todos: Amém!

Dirigente: Irmãos e irmãs na fé, aproxima-se o momento de nos despedirmos definitivamente de (*dizer o nome*). Estamos reunidos na certeza da ressurreição, por isso vos desejo que a graça de Nosso Senhor Jesus Cristo, o amor do Pai e a luz do Espírito Santo, estejam convosco.

Todos: Bendito seja Deus que nos reuniu no amor de Cristo.

ORAÇÃO

Dirigente: Ó Deus, ao despedirmo-nos de nosso/a irmão/ã (*dizer o nome*) vos pedimos que participe da vida em plenitude em vosso Reino e por vossa bondade, ajudai-nos a viver de tal maneira que ao chegar a nossa hora estejamos preparados para vos contemplar face a face. Por nosso Senhor Jesus Cristo, vosso Filho, na unidade do Espírito Santo.

Todos: Amém!

Ou

Dirigente: Ó Deus, Pai de bondade, pedimos vossa misericórdia por nosso/a irmão/ã (*dizer o nome*), que neste mundo foi membro de vossa Igreja, a fim de que agora viva convosco a alegria da pátria definitiva. Por nosso Senhor Jesus Cristo, vosso Filho, na unidade do Espírito Santo.

Todos: Amém!

Ou

Dirigente: Ó Deus de misericórdia, por vosso Filho Jesus, afirmaste que aqueles que creem em vós vencerão a escuridão da morte e contemplarão a aurora da vida, perdoai os pecados de nosso/a irmão/ã (*dizer o nome*), dando-lhe o descanso eterno. Por nosso Senhor Jesus Cristo, vosso Filho, na unidade do Espírito Santo.

Todos: Amém!

2. LITURGIA DA PALAVRA

Dirigente: Abramos o nosso coração para ouvir a Palavra de Deus:

SALMO RESPONSORIAL – 41(42)
 Espera em Deus, Ele é nossa salvação!
1. Como a corça suspira pelas águas correntes, assim minha alma suspira por ti, meu Deus. Minha alma tem sede de Deus, do Deus vivo: quando entrarei para ver a face de Deus? Minhas lágrimas são o meu pão dia e noite, enquanto me dizem todo dia: "Onde está o teu Deus?"
2. Para desabafo de minha alma, recordo outros tempos, quando andava entre a multidão, peregrinando à casa de Deus, entre gritos de alegria e de louvor da multidão em festa. Por que estás abatida, ó minha alma, e gemes por mim? Espera em Deus, pois ainda o louvarei: "Presença que me salva e meu Deus!"
3. Minha alma está abatida dentro de mim; por isso me lembro de ti desde a terra do Jordão e do Hermon, desde o Monte Misar. Um abismo chama por outro, no fragor das tuas cataratas. Todas as vagas e ondas passaram sobre mim.
4. De dia o Senhor dispensa seu amor, e de noite me acompanha o seu cântico, uma oração a Deus, que é minha vida. Quero dizer a Deus, meu rochedo: "Por que me esqueceste? Por que hei de andar triste sob a opressão do inimigo?"
5. Quando meus ossos se esfacelam, meus adversários me insultam, dizendo-me todo o dia: "Onde está o teu Deus?" Por que estás abatida, ó minha alma, e gemes por mim? Espera em Deus, pois ainda o louvarei: "Presença que me salva e meu Deus!"

Orientação: O Salmo poderá ser cantado. Para isso sugere-se como opção o canto: **Quando hei de ver a luz**
(*Salmo 41(42) L.: Lec. / M.: D.P./ Adapt.: J. Fonseca*).

SILÊNCIO MEDITATIVO

Dirigente: Em silêncio meditemos as palavras do Salmo que ouvimos.

Ou
SALMO RESPONSORIAL – 30(31)

Ó Pai, em tuas mãos eu entrego o meu espírito.

1. Em ti, SENHOR, me refugio; que eu jamais seja decepcionado! Livra-me por tua justiça! Inclina para mim teu ouvido e apressa-te em libertar-me! Sê minha rocha de refúgio, a casa fortificada, onde eu possa salvar-me, porque Tu és meu rochedo e minha fortaleza.

2. Para a honra de teu nome, conduze-me e guia-me! Tira-me da rede que, às ocultas, me estenderam, porque Tu és minha fortaleza. Em tuas mãos recomendo meu espírito. Tu, SENHOR, Deus fiel, me resgataste. Detesto os que cultuam ídolos vãos; eu, porém, confio no SENHOR.

3. Danço de alegria por causa de tua misericórdia, pois viste minha aflição e tomaste conhecimento das minhas angústias. Não me entregaste às mãos do inimigo, colocaste meus pés em campo aberto. Tem piedade de mim, SENHOR, que estou em perigo!

4. De pesar consomem-se meus olhos, minha garganta e meu ventre. Minha vida se esgota em tristeza, e meus anos em gemidos. Meu vigor se dissipa por causa de minha culpa; consomem-se meus ossos.

5. Tornei-me ludíbrio para os meus adversários e muito mais para os vizinhos, e objeto de pavor para os meus conhecidos; fogem de mim os que me veem pela rua. Caí no esquecimento como um morto, tornei-me como um vaso abandonado; escuto os cochichos da multidão: "O espantalho da redondeza!"

6. Conjuram-se contra mim, conspiram para tirar-me a vida. Mas eu confio em ti, SENHOR. Afirmo que só Tu és o meu Deus. Meu destino está em tuas mãos: Livra-me da mão dos meus inimigos e perseguidores! Faze brilhar tua face sobre teu servo, salva-me por tua misericórdia!

7. SENHOR, não fique eu decepcionado, pois te invoquei! Fiquem decepcionados os ímpios, reduzidos ao silêncio do túmulo! Fiquem mudos esses lábios mentirosos, que contra o justo proferem insolências, com arrogância e desprezo!

8. Que bondade tão grande é esta que reservas àqueles que te temem, com que favoreces os que em ti se refugiam, **à vista de todos!** Tu os escondes na intimidade de tua presença, longe das intrigas humanas. Tu os ocultas dentro da tenda, contra as línguas da discórdia.

9. Bendito seja o SENHOR, que faz comigo maravilhas da sua misericórdia, na cidade fortificada! Na minha ansiedade eu dizia: "Fui banido de tua presença". Tu, porém, escutaste minha voz suplicante, quando clamei por ti.

10. Amai o SENHOR, vós todos, seus fiéis! O SENHOR protege aqueles que são leais, mas devolve com juros a quem age com arrogância. Sede fortes e tende coragem, vós todos que esperais no SENHOR!

Orientação: O Salmo poderá ser cantado. Para isso sugere-se como opção o canto: **Em tuas mãos** – Salmo 30(31).

SILÊNCIO MEDITATIVO

Dirigente: Em silêncio meditemos as palavras do Salmo que ouvimos.

3. RITOS FINAIS

Dirigente: Unidos a todos os que se fazem solidários aos familiares, rezemos como Jesus nos ensinou: **Pai nosso...**

ORAÇÃO

Dirigente: Pai de misericórdia, olhai com bondade para esta família e comunidade que sofre a dor da morte deste/a nosso/a irmão/ã (*dizer o nome*). Confortai-os e que sua dor seja iluminada com a luz de vossa graça. Dai-lhes a certeza da ressurreição e da vida eterna, onde não existirá mais lágrimas, nem separação, mas a alegria do encontro eterno na vossa paz. Por Jesus Cristo, vosso Filho e Senhor nosso.

Todos: Amém!

(*Aspergir o corpo do defunto com água benta e dizer*):

Dirigente: Que a bênção de Deus esteja sempre contigo (*dizer o nome*). Que sejas muito feliz na comunhão eterna com o Pai e o Filho e o Espírito Santo.

Todos: Amém!

(*Enquanto se faz o levantamento para a igreja, pode-se cantar: Eu confio em nosso Senhor; Mais perto de Deus; ou outro conveniente*).

8
Celebração de sepultamento

1. ACOLHIDA OU RITOS INICIAIS

Dirigente: Em Deus vivemos eternamente, mas os restos mortais são sepultados como sinal de respeito à vida que habitou este corpo.

REFRÃO ORANTE

Dirigente: Juntos cantemos o refrão orante.
Firme de pé, junto da cruz, /:estava Maria, mãe de Jesus.:/
(Firme de pé – *L.: Fr. Alonso Temme / M.: Reginaldo Veloso*)

SAUDAÇÃO INICIAL

Dirigente: Em nome do Pai e do Filho e do Espírito Santo.
Todos: Amém!

Dirigente: Como Deus chamou para junto de si o nosso/a irmão/ã (*dizer o nome*), entregamos o corpo a terra de onde veio. Mas o Cristo que ressuscitou como o primeiro entre os mortos há de transformar nosso corpo à imagem de seu corpo glorificado.

2. LITURGIA DA PALAVRA

LEITURA DO LIVRO DO APOCALIPSE DE SÃO JOÃO – APOCALIPSE 14,13

Ouvi então uma voz do céu, que dizia: "Escreve: Felizes os mortos, os que desde agora morrem no Senhor. Sim – diz o Espírito – descansem de seus trabalhos, pois suas obras os acompanham".

Palavra do Senhor.

Todos: Graças a Deus.

3. BÊNÇÃO DA SEPULTURA

Dirigente: Meus irmãos, minhas irmãs, para o Apóstolo Paulo, o túmulo é como uma sementeira: coloca-se nele um corpo corruptível e ressuscitará um corpo glorioso. Oremos pedindo a Deus que abençoe esta sepultura (*momento de silêncio*).

Dirigente: Senhor Jesus Cristo, permanecendo três dias no sepulcro, santificastes os túmulos dos vossos fiéis, e nos destes a esperança de nossa ressurreição. Que nosso/a irmão/ã *(dizer o nome)*, descanse em paz neste sepulcro e participe da vossa gloriosa ressurreição. Vós que sois Deus, com o Pai e o Espírito Santo.

Todos: Amém!

(*O dirigente asperge a sepultura com água benta.*)

Dirigente: Rezamos juntos: **Pai nosso...**

4. SEPULTAMENTO

(*Enquanto o corpo é colocado na sepultura*)

Dirigente: Acolhendo a irmã morte, neste/a nosso/a irmão/ã (*dizer o nome*), entreguemos seu corpo a terra de onde veio. E o Cristo que ressuscitou como o primeiro entre os mortos há de transformar nosso corpo a imagem de seu corpo glorificado. Recomendemos, pois, ao Senhor, que receba este/a nosso/a irmão/ã (*dizer o nome*) na sua paz e lhe conceda a ressurreição do corpo.

(Depois de depositar o corpo)

Dirigente: Ó Deus, vossos dias não conhecem fim e vossa misericórdia não tem limites; fazei-nos lembrar sempre da brevidade da vida e da incerteza da hora da morte. Que o vosso Espírito Santo nos conduza todos os dias de nossa vida na santidade e na justiça. E depois de vos servirmos na terra na comunhão da vossa Igreja, na confiança de uma fé segura, na consolação da esperança e na perfeita caridade para com todos, possamos chegar ao vosso reino. Por nosso Senhor Jesus Cristo, vosso Filho, na unidade do Espírito Santo.

Todos: Amém!

(*Onde há costume, poderá haver outras orações, cantos e invocações a Nossa Senhora.*)

Dirigente: O Deus dos vivos dê a vida aos nossos corpos mortais, agora e para sempre.

Todos: Amém!

Dirigente: Que nossas irmãs e irmãos falecidos, pela misericórdia de Deus, descansem em paz.

Todos: Amém!

Dirigente: Abençoe-vos o Deus da vida, o Pai e o Filho e o Espírito Santo.

Todos: Amém!

Dirigente: Louvado seja nosso Senhor Jesus Cristo.

Todos: Para sempre seja louvado.

Dirigente: Certos da vida em plenitude em Deus, manifestamos através do Salmo a nossa confiança no Senhor:

Orientação: O Salmo poderá ser cantado. Para isso sugere-se como opção o canto: **O Senhor é minha luz e salvação**.

SALMO RESPONSORIAL – 27(26)

O Senhor é minha luz e minha salvação: a quem temerei?

1. O Senhor é a fortaleza de minha vida: perante quem tremerei? Quando malfeitores me assaltam para devorar minha carne, são eles, meus adversários e inimigos, que tropeçam e caem. Se um exército acampar contra mim, meu coração não temerá; se uma batalha se travar contra mim, ainda assim terei confiança.

2. Uma só coisa peço ao Senhor e só esta eu procuro: habitar na casa do Senhor todos os dias de minha vida, para contemplar os encantos do Senhor e meditar em seu templo. Pois Ele me resguardará em seu abrigo no dia da desgraça; Ele me esconderá no segredo de sua tenda; Ele me erguerá sobre a rocha.

3. Agora mesmo erguerei minha cabeça sobre meus inimigos que me cercam. Em sua tenda poderei oferecer sacrifícios, com gritos de alegria, e cantar um salmo ao Senhor. Senhor, escuta minha voz quando eu chamo, tem compaixão de mim e responde-me! A ti fala meu coração, meus olhos te procuram; eu busco tua presença, Senhor.

4. Não ocultes de mim tua face nem afastes com ira teu servo, Tu que és meu amparo! Não me deixes, não me abandones, Deus de minha salvação! Se meu pai e minha mãe me abandonarem, o Senhor me acolherá. Mostra-me, Senhor, teu caminho e conduze-me por vereda segura, por causa daqueles que me espreitam!

5. Não me entregues à sanha dos meus adversários, pois contra mim se levantaram testemunhas falsas e um boato de violência. Tenho certeza de experimentar a bondade do Senhor na terra dos vivos. Espera no Senhor! Sê forte e corajoso no teu coração! Espera no Senhor!

Referências

Bíblia Sagrada. Petrópolis: Vozes, 2001.

CNBB. *Bíblia Sagrada*. 9. ed. Brasília: Edições CNBB 2019.

CONFERÊNCIA NACIONAL DOS BISPOS DO BRASIL. *Nossa Páscoa – Subsídios para a Celebração da Esperança*. 5. ed. São Paulo: Paulus, 2011.

CONFERÊNCIA EPISCOPAL PORTUGUESA. *Ritual Romano. Celebração das Exéquias.* Disponível em*: https://www.liturgia.pt/rituais/Exequias.pdf.* Acesso em: 19/02/2021.

DIOCESE DE CHAPECÓ. *Celebrando a vida com o povo.* Santa Maria: Gráfica e Editora Palotti, 2012.

UNIDADE PASTORAL DE CANTANHEDE. *Guia de orações para antes das exéquias*. Disponível em: http://www.upc.pt/conteudos/recursos/Guia%20de%20ora%C3%A7%C3%A3o%20para%20antes%20das%20Ex%C3%A9quias%20(2).pdf. Acesso em: 19/02/2021.

Conecte-se conosco:

- **f** facebook.com/editoravozes
- **◉** @editoravozes
- **🐦** @editora_vozes
- **▶** youtube.com/editoravozes
- **🟢** +55 24 99267-9864

www.vozes.com.br

Conheça nossas lojas:

www.livrariavozes.com.br

Belo Horizonte – Brasília – Campinas – Cuiabá – Curitiba
Fortaleza – Juiz de Fora – Petrópolis – Recife – São Paulo

EDITORA VOZES — VOZES NOBILIS — Vozes de Bolso — Vozes Acadêmica

EDITORA VOZES LTDA.
Rua Frei Luís, 100 – Centro – Cep 25689-900 – Petrópolis, RJ
Tel.: (24) 2233-9000 – E-mail: vendas@vozes.com.br